I0011302

This Password Journal belongs to

Name:

Phone Number:

If found, please return to:

Address:

Website url: _____

Password: _____

Comment: _____

Website url: _____

Password: _____

Comment: _____

Website url: _____

Password: _____

Comment: _____

Website url: _____

Password: _____

Comment: _____

Website url: _____

Password: _____

Comment: _____

Website url: _____

Password: _____

Comment: _____

Website url: _____

Password: _____

Comment: _____

Website url: _____

Password: _____

Comment: _____

Website url: _____

Password: _____

Comment: _____

Website url: _____

Password: _____

Comment: _____

Website url: _____

Password: _____

Comment: _____

Website url: _____

Password: _____

Comment: _____

Website url: _____

Password: _____

Comment: _____

Website url: _____

Password: _____

Comment: _____

Website url: _____

Password: _____

Comment: _____

Website url: _____

Password: _____

Comment: _____

Website url: _____

Password: _____

Comment: _____

Website url: _____

Password: _____

Comment: _____

Website url: _____

Password: _____

Comment: _____

Website url: _____

Password: _____

Comment: _____

Website url: _____

Password: _____

Comment: _____

Website url: _____

Password: _____

Comment: _____

Website url: _____

Password: _____

Comment: _____

Website url: _____

Password: _____

Comment: _____

Website url: _____

Password: _____

Comment: _____

Website url: _____

Password: _____

Comment: _____

Website url: _____

Password: _____

Comment: _____

Website url: _____

Password: _____

Comment: _____

Website url: _____

Password: _____

Comment: _____

Website url: _____

Password: _____

Comment: _____

Website url: _____

Password: _____

Comment: _____

Website url: _____

Password: _____

Comment: _____

Website url: _____

Password: _____

Comment: _____

Website url: _____

Password: _____

Comment: _____

Website url: _____

Password: _____

Comment: _____

Website url: _____

Password: _____

Comment: _____

Website url: _____

Password: _____

Comment: _____

Website url: _____

Password: _____

Comment: _____

Website url: _____

Password: _____

Comment: _____

Website url: _____

Password: _____

Comment: _____

Website url: _____

Password: _____

Comment: _____

Website url: _____

Password: _____

Comment: _____

Website url:

Password:

Comment:

Website url:

Password:

Comment:

Website url:

Password:

Comment:

Website url:

Password:

Comment:

Website url:

Password:

Comment:

Website url:

Password:

Comment:

Website url:

Password:

Comment:

Website url: _____

Password: _____

Comment: _____

Website url: _____

Password: _____

Comment: _____

Website url: _____

Password: _____

Comment: _____

Website url: _____

Password: _____

Comment: _____

Website url: _____

Password: _____

Comment: _____

Website url: _____

Password: _____

Comment: _____

Website url: _____

Password: _____

Comment: _____

Website url: _____

Password: _____

Comment: _____

Website url: _____

Password: _____

Comment: _____

Website url: _____

Password: _____

Comment: _____

Website url: _____

Password: _____

Comment: _____

Website url: _____

Password: _____

Comment: _____

Website url: _____

Password: _____

Comment: _____

Website url: _____

Password: _____

Comment: _____

Website url: _____

Password: _____

Comment: _____

Website url: _____

Password: _____

Comment: _____

Website url: _____

Password: _____

Comment: _____

Website url: _____

Password: _____

Comment: _____

Website url: _____

Password: _____

Comment: _____

Website url: _____

Password: _____

Comment: _____

Website url: _____

Password: _____

Comment: _____

Website url: _____

Password: _____

Comment: _____

Website url: _____

Password: _____

Comment: _____

Website url: _____

Password: _____

Comment: _____

Website url: _____

Password: _____

Comment: _____

Website url: _____

Password: _____

Comment: _____

Website url: _____

Password: _____

Comment: _____

Website url: _____

Password: _____

Comment: _____

Website url: _____

Password: _____

Comment: _____

Website url: _____

Password: _____

Comment: _____

Website url: _____

Password: _____

Comment: _____

Website url: _____

Password: _____

Comment: _____

Website url: _____

Password: _____

Comment: _____

Website url: _____

Password: _____

Comment: _____

Website url: _____

Password: _____

Comment: _____

Website url: _____

Password: _____

Comment: _____

Website url: _____

Password: _____

Comment: _____

Website url: _____

Password: _____

Comment: _____

Website url: _____

Password: _____

Comment: _____

Website url: _____

Password: _____

Comment: _____

Website url: _____

Password: _____

Comment: _____

Website url: _____

Password: _____

Comment: _____

Website url: _____

Password: _____

Comment: _ _ _ _ _ _ _ _ _ _ _ _ _ _ _ _

Website url: _____

Password: _____

Comment: _ _ _ _ _ _ _ _ _ _ _ _ _ _ _ _

Website url: _____

Password: _____

Comment: _ _ _ _ _ _ _ _ _ _ _ _ _ _ _ _

Website url: _____

Password: _____

Comment: _ _ _ _ _ _ _ _ _ _ _ _ _ _ _ _

Website url: _____

Password: _____

Comment: _ _ _ _ _ _ _ _ _ _ _ _ _ _ _ _

Website url: _____

Password: _____

Comment: _ _ _ _ _ _ _ _ _ _ _ _ _ _ _ _

Website url: _____

Password: _____

Comment: _ _ _ _ _ _ _ _ _ _ _ _ _ _ _ _

Website url: _____

Password: _____

Comment: _____

Website url: _____

Password: _____

Comment: _____

Website url: _____

Password: _____

Comment: _____

Website url: _____

Password: _____

Comment: _____

Website url: _____

Password: _____

Comment: _____

Website url: _____

Password: _____

Comment: _____

Website url: _____

Password: _____

Comment: _____

Website url: _____

Password: _____

Comment: _____

Website url: _____

Password: _____

Comment: _____

Website url: _____

Password: _____

Comment: _____

Website url: _____

Password: _____

Comment: _____

Website url: _____

Password: _____

Comment: _____

Website url: _____

Password: _____

Comment: _____

Website url: _____

Password: _____

Comment: _____

Website url: _____

Password: _____

Comment: _____

Website url: _____

Password: _____

Comment: _____

Website url: _____

Password: _____

Comment: _____

Website url: _____

Password: _____

Comment: _____

Website url: _____

Password: _____

Comment: _____

Website url: _____

Password: _____

Comment: _____

Website url: _____

Password: _____

Comment: _____

Website url:

Password:

Comment:

Website url:

Password:

Comment:

Website url:

Password:

Comment:

Website url:

Password:

Comment:

Website url:

Password:

Comment:

Website url:

Password:

Comment:

Website url:

Password:

Comment:

Website url: _____

Password: _____

Comment: ....

Website url: _____

Password: _____

Comment: ....

Website url: _____

Password: _____

Comment: ....

Website url: _____

Password: _____

Comment: ....

Website url: _____

Password: _____

Comment: ....

Website url: _____

Password: _____

Comment: ....

Website url: _____

Password: _____

Comment: ....

Website url: _____

Password: _____

Comment: _____

Website url: _____

Password: _____

Comment: _____

Website url: _____

Password: _____

Comment: _____

Website url: _____

Password: _____

Comment: _____

Website url: _____

Password: _____

Comment: _____

Website url: _____

Password: _____

Comment: _____

Website url: _____

Password: _____

Comment: _____

Website url: _____

Password: _____

Comment: _____

Website url: _____

Password: _____

Comment: _____

Website url: _____

Password: _____

Comment: _____

Website url: _____

Password: _____

Comment: _____

Website url: _____

Password: _____

Comment: _____

Website url: _____

Password: _____

Comment: _____

Website url: _____

Password: _____

Comment: _____

Website url: _____

Password: _____

Comment: _____

Website url: _____

Password: _____

Comment: _____

Website url: _____

Password: _____

Comment: _____

Website url: _____

Password: _____

Comment: _____

Website url: _____

Password: _____

Comment: _____

Website url: _____

Password: _____

Comment: _____

Website url: _____

Password: _____

Comment: _____

Website url: _____

Password: _____

Comment: _____

Website url: _____

Password: _____

Comment: _____

Website url: _____

Password: _____

Comment: _____

Website url: _____

Password: _____

Comment: _____

Website url: _____

Password: _____

Comment: _____

Website url: _____

Password: _____

Comment: _____

Website url: _____

Password: _____

Comment: _____

Website url: _____

Password: _____

Comment: _____

Website url: _____

Password: _____

Comment: _____

Website url: _____

Password: _____

Comment: _____

Website url: _____

Password: _____

Comment: _____

Website url: _____

Password: _____

Comment: _____

Website url: _____

Password: _____

Comment: _____

Website url: _____

Password: _____

Comment: _____

Website url: _____

Password: _____

Comment: _____

Website url: _____

Password: _____

Comment: _____

Website url: _____

Password: _____

Comment: _____

Website url: _____

Password: _____

Comment: _____

Website url: _____

Password: _____

Comment: _____

Website url: _____

Password: _____

Comment: _____

Website url: _____

Password: _____

Comment: _____

Website url: _____

Password: _____

Comment: _____

Website url: _____

Password: _____

Comment: _____

Website url: _____

Password: _____

Comment: _____

Website url: _____

Password: _____

Comment: _____

Website url: _____

Password: _____

Comment: _____

Website url: _____

Password: _____

Comment: _____

Website url: _____

Password: _____

Comment: _____

Website url: _____

Password: _____

Comment: _____

Website url: _____

Password: _____

Comment: _____

Website url: _____

Password: _____

Comment: _____

Website url: _____

Password: _____

Comment: _____

Website url: _____

Password: _____

Comment: _____

Website url: _____

Password: _____

Comment: _____

Website url: _____

Password: _____

Comment: _____

Website url: _____

Password: _____

Comment: _____

Website url: _____

Password: _____

Comment: _____

Website url: _____

Password: _____

Comment: _____

Website url: _____

Password: _____

Comment: _____

Website url: _____

Password: _____

Comment: _____

Website url: _____

Password: _____

Comment: _____

Website url: _____

Password: _____

Comment: _____

Website url: _____

Password: _____

Comment: _____

Website url: _____

Password: _____

Comment: _____

Website url: _____

Password: _____

Comment: _____

Website url: _____

Password: _____

Comment: _____

Website url: _____

Password: _____

Comment: _____

Website url: _____

Password: _____

Comment: _____

Website url: _____

Password: _____

Comment: _____

Website url: _____

Password: _____

Comment: _____

Website url: _____

Password: _____

Comment: _____

Website url: _____

Password: _____

Comment: _____

Website url: _____

Password: _____

Comment: _____

Website url: _____

Password: _____

Comment: _____

Website url: _____

Password: _____

Comment: _____

Website url: _____

Password: _____

Comment: _____

Website url: _____

Password: _____

Comment: _____

Website url: _____

Password: _____

Comment: _____

Website url: _____

Password: _____

Comment: _____

Website url: _____

Password: _____

Comment: _____

Website url: _____

Password: _____

Comment: _____

Website url: _____

Password: _____

Comment: _____

Website url: _____

Password: _____

Comment: _____

Website url: _____

Password: _____

Comment: _____

Website url: _____

Password: _____

Comment: _____

Website url: _____

Password: _____

Comment: _____

Website url: _____

Password: _____

Comment: _____

Website url: _____

Password: _____

Comment: _____

Website url: _____

Password: _____

Comment: _____

Website url: _____

Password: _____

Comment: _____

Website url: _____

Password: _____

Comment: _____

Website url: _____

Password: _____

Comment: _____

Website url: _____

Password: _____

Comment: _____

Website url: _____

Password: _____

Comment: _____

Website url: _____

Password: _____

Comment: _____

Website url: _____

Password: _____

Comment: _____

Website url: _____

Password: _____

Comment: _____

Website url: _____

Password: _____

Comment: _____

Website url: _____

Password: _____

Comment: _____

Website url: _____

Password: _____

Comment: _____

Website url: _____

Password: _____

Comment: _____

Website url: _____

Password: _____

Comment: _____

Website url: _____

Password: _____

Comment: _____

Website url: _____

Password: _____

Comment: _____

Website url: _____

Password: _____

Comment: _____

Website url: _____

Password: _____

Comment: _____

Website url: _____

Password: _____

Comment: _____

Website url: _____

Password: _____

Comment: _____

Website url: _____

Password: _____

Comment: _____

Website url: _____

Password: _____

Comment: _____

Website url: _____

Password: _____

Comment: _____

Website url: _____

Password: _____

Comment: _____

Website url: _____

Password: _____

Comment: _____

Website url: _____

Password: _____

Comment: _____

Website url: _____

Password: _____

Comment: _____

Website url: _____

Password: _____

Comment: _____

Website url: _____

Password: _____

Comment: _____

Website url: _____

Password: _____

Comment: _____

Website url: _____

Password: _____

Comment: _____

Website url: _____

Password: _____

Comment: _____

Website url: _____

Password: _____

Comment: _____

Website url: _____

Password: _____

Comment: _____

Website url: _____

Password: _____

Comment: _____

Website url: _____

Password: _____

Comment: _____

Website url: _____

Password: _____

Comment: _____

Website url: _____

Password: _____

Comment: _____

Website url: _____

Password: _____

Comment: _____

Website url: _____

Password: _____

Comment: _____

Website url: _____

Password: _____

Comment: _____

Website url: _____

Password: _____

Comment: _____

Website url: _____

Password: _____

Comment: _____

Website url: _____

Password: _____

Comment: _____

Website url: _____

Password: _____

Comment: - - - - - - - - - - - - - - - - - - -

Website url: _____

Password: _____

Comment: - - - - - - - - - - - - - - - - - - -

Website url: _____

Password: _____

Comment: - - - - - - - - - - - - - - - - - - -

Website url: _____

Password: _____

Comment: - - - - - - - - - - - - - - - - - - -

Website url: _____

Password: _____

Comment: - - - - - - - - - - - - - - - - - - -

Website url: _____

Password: _____

Comment: - - - - - - - - - - - - - - - - - - -

Website url: _____

Password: _____

Comment: - - - - - - - - - - - - - - - - - - -

Website url: _____

Password: _____

Comment: _____

Website url: _____

Password: _____

Comment: _____

Website url: _____

Password: _____

Comment: _____

Website url: _____

Password: _____

Comment: _____

Website url: _____

Password: _____

Comment: _____

Website url: _____

Password: _____

Comment: _____

Website url: _____

Password: _____

Comment: _____

Website url: _____

Password: _____

Comment: _____

Website url: _____

Password: _____

Comment: _____

Website url: _____

Password: _____

Comment: _____

Website url: _____

Password: _____

Comment: _____

Website url: _____

Password: _____

Comment: _____

Website url: _____

Password: _____

Comment: _____

Website url: _____

Password: _____

Comment: _____

Website url: _____

Password: _____

Comment: _____

Website url: _____

Password: _____

Comment: _____

Website url: _____

Password: _____

Comment: _____

Website url: _____

Password: _____

Comment: _____

Website url: _____

Password: _____

Comment: _____

Website url: _____

Password: _____

Comment: _____

Website url: _____

Password: _____

Comment: _____

Website url: _____

Password: _____

Comment: _____

Website url: _____

Password: _____

Comment: _____

Website url: _____

Password: _____

Comment: _____

Website url: _____

Password: _____

Comment: _____

Website url: _____

Password: _____

Comment: _____

Website url: _____

Password: _____

Comment: _____

Website url: _____

Password: _____

Comment: _____

Website url: _____

Password: _____

Comment: _____

Website url: _____

Password: _____

Comment: _____

Website url: _____

Password: _____

Comment: _____

Website url: _____

Password: _____

Comment: _____

Website url: _____

Password: _____

Comment: _____

Website url: _____

Password: _____

Comment: _____

Website url: _____

Password: _____

Comment: _____

Website url: _____

Password: _____

Comment: _____

Website url: _____

Password: _____

Comment: _____

Website url: _____

Password: _____

Comment: _____

Website url: _____

Password: _____

Comment: _____

Website url: _____

Password: _____

Comment: _____

Website url: _____

Password: _____

Comment: _____

Website url: _____

Password: _____

Comment: _____

Website url: _____

Password: _____

Comment: _____

Website url: _____

Password: _____

Comment: _____

Website url: _____

Password: _____

Comment: _____

Website url: _____

Password: _____

Comment: _____

Website url: _____

Password: _____

Comment: _____

Website url: _____

Password: _____

Comment: _____

Website url: _____

Password: _____

Comment: _____

Website url: _____

Password: _____

Comment: _____

Website url: _____

Password: _____

Comment: _____

Website url: _____

Password: _____

Comment: _____

Website url: _____

Password: _____

Comment: _____

Website url: _____

Password: _____

Comment: _____

Website url: _____

Password: _____

Comment: _____

Website url: _____

Password: _____

Comment: _____

Website url: _____

Password: _____

Comment: _____

Website url: _____

Password: _____

Comment: _____

Website url: _____

Password: _____

Comment: _____

Website url: _____

Password: _____

Comment: _____

Website url: _____

Password: _____

Comment: _____

Website url: _____

Password: _____

Comment: _____

Website url: _____

Password: _____

Comment: _____

Website url:

Password:

Comment:

Website url:

Password:

Comment:

Website url:

Password:

Comment:

Website url:

Password:

Comment:

Website url:

Password:

Comment:

Website url:

Password:

Comment:

Website url:

Password:

Comment:

Website url: _____

Password: _____

Comment: _____

Website url: _____

Password: _____

Comment: _____

Website url: _____

Password: _____

Comment: _____

Website url: _____

Password: _____

Comment: _____

Website url: _____

Password: _____

Comment: _____

Website url: _____

Password: _____

Comment: _____

Website url: _____

Password: _____

Comment: _____

Website url: _____

Password: _____

Comment: _____

Website url: _____

Password: _____

Comment: _____

Website url: _____

Password: _____

Comment: _____

Website url: _____

Password: _____

Comment: _____

Website url: _____

Password: _____

Comment: _____

Website url: _____

Password: _____

Comment: _____

Website url: _____

Password: _____

Comment: _____

Website url: _____

Password: _____

Comment: _____

Website url: _____

Password: _____

Comment: _____

Website url: _____

Password: _____

Comment: _____

Website url: _____

Password: _____

Comment: _____

Website url: _____

Password: _____

Comment: _____

Website url: _____

Password: _____

Comment: _____

Website url: _____

Password: _____

Comment: _____

Website url: _____

Password: _____

Comment: _____

Website url: _____

Password: _____

Comment: _____

Website url: _____

Password: _____

Comment: _____

Website url: _____

Password: _____

Comment: _____

Website url: _____

Password: _____

Comment: _____

Website url: _____

Password: _____

Comment: _____

Website url: _____

Password: _____

Comment: _____

Website url: _____

Password: _____

Comment: _____

Website url: _____

Password: _____

Comment: _____

Website url: _____

Password: _____

Comment: _____

Website url: _____

Password: _____

Comment: _____

Website url: _____

Password: _____

Comment: _____

Website url: _____

Password: _____

Comment: _____

Website url: _____

Password: _____

Comment: _____

Website url: _____

Password: _____

Comment: _____

Website url: _____

Password: _____

Comment: _____

Website url: _____

Password: _____

Comment: _____

Website url: _____

Password: _____

Comment: _____

Website url: _____

Password: _____

Comment: _____

Website url: _____

Password: _____

Comment: _____

Website url: _____

Password: _____

Comment: _____

Website url: _____

Password: _____

Comment: _____

Website url: _____

Password: _____

Comment: _____

Website url: _____

Password: _____

Comment: _____

Website url: _____

Password: _____

Comment: _____

Website url: _____

Password: _____

Comment: _____

Website url: _____

Password: _____

Comment: _____

Website url: _____

Password: _____

Comment: _____

Website url: _____

Password: _____

Comment: _____

Website url: _____

Password: _____

Comment: _____

Website url: _____

Password: _____

Comment: _____

Website url: _____

Password: _____

Comment: _____

Website url: _____

Password: _____

Comment: _____

Website url: _____

Password: _____

Comment: _____

Website url: _____

Password: _____

Comment: _____

Website url: _____

Password: _____

Comment: _____

Website url: _____

Password: _____

Comment: _____

Website url: _____

Password: _____

Comment: _____

Website url: _____

Password: _____

Comment: _____

Website url: _____

Password: _____

Comment: _____

Website url: _____

Password: _____

Comment: _____

Website url: _____

Password: _____

Comment: _____

Website url: _____

Password: _____

Comment: _____

Website url: _____

Password: _____

Comment: _____

Website url: _____

Password: _____

Comment: _____

Website url: _____

Password: _____

Comment: _____

Website url: _____

Password: _____

Comment: _____

Website url: _____

Password: _____

Comment: _____

Website url: _____

Password: _____

Comment: _____

Website url: _____

Password: _____

Comment: _____

Website url: _____

Password: _____

Comment: _____

Website url: _____

Password: _____

Comment: _____

Website url: _____

Password: _____

Comment: _____

Website url: _____

Password: _____

Comment: _____

Website url: _____

Password: _____

Comment: _____

Website url: _____

Password: _____

Comment: _____

Website url: _____

Password: _____

Comment: _____

Website url: _____

Password: _____

Comment: _____

Website url: _____

Password: _____

Comment: _____

Website url: _____

Password: _____

Comment: _____

Website url: _____

Password: _____

Comment: _____

Website url: _____

Password: _____

Comment: _____

Website url: _____

Password: _____

Comment: _____

Website url: _____

Password: _____

Comment: _____

Website url: _____

Password: _____

Comment: _____

Website url: _____

Password: _____

Comment: _____

Website url: _____

Password: _____

Comment: _____

Website url: _____

Password: _____

Comment: _____

Website url: _____

Password: _____

Comment: _____

Website url: _____

Password: _____

Comment: _____

Website url: _____

Password: _____

Comment: _____

Website url: _____

Password: _____

Comment: _____

Website url: _____

Password: _____

Comment: _____

Website url: _____

Password: _____

Comment: _____

Website url: _____

Password: _____

Comment: _____

Website url: _____

Password: _____

Comment: _____

Website url: _____

Password: _____

Comment: _____

Website url: _____

Password: _____

Comment: _____

Website url: _____

Password: _____

Comment: _____

Website url: _____

Password: _____

Comment: _____

Website url: _____

Password: _____

Comment: _____

Website url: _____

Password: _____

Comment: _____

Website url: _____

Password: _____

Comment: _____

Website url: _____

Password: _____

Comment: _____

Website url: _____

Password: _____

Comment: _____

Website url: _____

Password: _____

Comment: _____

Website url: _____

Password: _____

Comment: _____

Website url: _____

Password: _____

Comment: _____

Website url: _____

Password: _____

Comment: _____

Website url: _____

Password: _____

Comment: _____

Website url: _____

Password: _____

Comment: _____

Website url: _____

Password: _____

Comment: _____

Website url: _____

Password: _____

Comment: _____

Website url: _____

Password: _____

Comment: _____

Website url: _____

Password: _____

Comment: _____

Website url: _____

Password: _____

Comment: _____

Website url: _____

Password: _____

Comment: _____

Website url: _____

Password: _____

Comment: _____

Website url: _____

Password: _____

Comment: - - - - - - - - - - - - - - - - -

Website url: _____

Password: _____

Comment: - - - - - - - - - - - - - - - - -

Website url: _____

Password: _____

Comment: - - - - - - - - - - - - - - - - -

Website url: _____

Password: _____

Comment: - - - - - - - - - - - - - - - - -

Website url: _____

Password: _____

Comment: - - - - - - - - - - - - - - - - -

Website url: _____

Password: _____

Comment: - - - - - - - - - - - - - - - - -

Website url: _____

Password: _____

Comment: - - - - - - - - - - - - - - - - -

Website url: _____

Password: _____

Comment: _____

Website url: _____

Password: _____

Comment: _____

Website url: _____

Password: _____

Comment: _____

Website url: _____

Password: _____

Comment: _____

Website url: _____

Password: _____

Comment: _____

Website url: _____

Password: _____

Comment: _____

Website url: _____

Password: _____

Comment: _____

Website url: _____

Password: _____

Comment: _____

Website url: _____

Password: _____

Comment: _____

Website url: _____

Password: _____

Comment: _____

Website url: _____

Password: _____

Comment: _____

Website url: _____

Password: _____

Comment: _____

Website url: _____

Password: _____

Comment: _____

Website url: _____

Password: _____

Comment: _____

Website url: _____

Password: _____

Comment: _____

Website url: _____

Password: _____

Comment: _____

Website url: _____

Password: _____

Comment: _____

Website url: _____

Password: _____

Comment: _____

Website url: _____

Password: _____

Comment: _____

Website url: _____

Password: _____

Comment: _____

Website url: _____

Password: _____

Comment: _____

Website url: _____

Password: _____

Comment: _____

Website url: _____

Password: _____

Comment: _____

Website url: _____

Password: _____

Comment: _____

Website url: _____

Password: _____

Comment: _____

Website url: _____

Password: _____

Comment: _____

Website url: _____

Password: _____

Comment: _____

Website url: _____

Password: _____

Comment: _____

Website url: _____

Password: _____

Comment: _____

Website url: _____

Password: _____

Comment: _____

Website url: _____

Password: _____

Comment: _____

Website url: _____

Password: _____

Comment: _____

Website url: _____

Password: _____

Comment: _____

Website url: _____

Password: _____

Comment: _____

Website url: _____

Password: _____

Comment: _____

Website url: _____

Password: _____

Comment: _____

Website url: _____

Password: _____

Comment: _____

Website url: _____

Password: _____

Comment: _____

Website url: _____

Password: _____

Comment: _____

Website url: _____

Password: _____

Comment: _____

Website url: _____

Password: _____

Comment: _____

Website url: _____

Password: _____

Comment: _____

Website url: _____

Password: _____

Comment: _____

Website url: _____

Password: _____

Comment: _____

Website url: _____

Password: _____

Comment: _____

Website url: _____

Password: _____

Comment: _____

Website url: _____

Password: _____

Comment: _____

Website url: _____

Password: _____

Comment: _____

Website url: _____

Password: _____

Comment: _____

Website url: _____

Password: _____

Comment: _____

Website url: _____

Password: _____

Comment: _____

Website url: _____

Password: _____

Comment: _____

Website url: _____

Password: _____

Comment: _____

Website url: _____

Password: _____

Comment: _____

Website url: _____

Password: _____

Comment: _____

Website url: _____

Password: _____

Comment: _____

Website url: _____

Password: _____

Comment: _____

Website url: _____

Password: _____

Comment: _____

Website url: _____

Password: _____

Comment: _____

Website url: _____

Password: _____

Comment: _____

Website url: _____

Password: _____

Comment: _____

Website url: _____

Password: _____

Comment: _____

Website url: _____

Password: _____

Comment: _____

Website url: _____

Password: _____

Comment: _____

Website url: _____

Password: _____

Comment: _____

Website url: _____

Password: _____

Comment: _____

Website url: _____

Password: _____

Comment: _____

Website url: _____

Password: _____

Comment: _____

Website url: _____

Password: _____

Comment: _____

Website url: _____

Password: _____

Comment: _____

Website url: _____

Password: _____

Comment: _____

Website url: _____

Password: _____

Comment: _____

Website url: _____

Password: _____

Comment: _____

Website url: _____

Password: _____

Comment: _____

Website url: _____

Password: _____

Comment: _____

Website url: _____

Password: _____

Comment: _____

Website url: _____

Password: _____

Comment: _____

Website url: _____

Password: _____

Comment: _____

Website url: _____

Password: _____

Comment: _____

Website url: _____

Password: _____

Comment: _____

Website url: _____

Password: _____

Comment: _____

Website url: _____

Password: _____

Comment: _____

Website url: _____

Password: _____

Comment: _____

Website url: _____

Password: _____

Comment: _____

Website url: _____

Password: _____

Comment: _____

Website url: _____

Password: _____

Comment: _____

Website url: _____

Password: _____

Comment: _____

Website url: _____

Password: _____

Comment: _____

Website url: _____

Password: _____

Comment: _____

Website url: _____

Password: _____

Comment: _____

Website url: _____

Password: _____

Comment: _____

Website url: _____

Password: _____

Comment: _____

Website url: _____

Password: _____

Comment: _____

Website url: _____

Password: _____

Comment: _____

Website url: _____

Password: _____

Comment: _____

Website url: _____

Password: _____

Comment: _____

Website url: _____

Password: _____

Comment: _____

Website url: _____

Password: _____

Comment: _____

Website url: _____

Password: _____

Comment: _____

Website url: _____

Password: _____

Comment: _____

Website url: _____

Password: _____

Comment: _____

Website url: _____

Password: _____

Comment: _____

Website url: _____

Password: _____

Comment: _____

Website url: _____

Password: _____

Comment: _____

Website url: _____

Password: _____

Comment: _____

Website url: _____

Password: _____

Comment: _____

Website url: _____

Password: _____

Comment: _____

Website url: _____

Password: _____

Comment: _____

Website url: _____

Password: _____

Comment: _____

Website url: _____

Password: _____

Comment: _____

Website url: _____

Password: _____

Comment: _____

Website url: _____

Password: _____

Comment: _____

Website url: _____

Password: _____

Comment: _____

Website url: _____

Password: _____

Comment: _____

Website url: _____

Password: _____

Comment: _____

Website url: _____

Password: _____

Comment: _____

Website url: _____

Password: _____

Comment: _____

Website url: _____

Password: _____

Comment: _____

Website url: _____

Password: _____

Comment: _____

Website url: _____

Password: _____

Comment: _____

Website url: _____

Password: _____

Comment: _____

Website url: _____

Password: _____

Comment: _____

Website url: _____

Password: _____

Comment: _____

Website url: _____

Password: _____

Comment: _____

Website url: _____

Password: _____

Comment: _____

Website url: _____

Password: _____

Comment: _____

Website url: _____

Password: _____

Comment: _____

Website url: _____

Password: _____

Comment: _____

Website url: _____

Password: _____

Comment: _____

Website url: _____

Password: _____

Comment: _____

Website url: _____

Password: _____

Comment: _____

Website url: _____

Password: _____

Comment: _____

Website url: _____

Password: _____

Comment: _____

Website url: _____

Password: _____

Comment: _____

Website url: _____

Password: _____

Comment: _____

Website url: _____

Password: _____

Comment: _____

Website url: _____

Password: _____

Comment: _____

Website url: _____

Password: _____

Comment: _____

Website url: _____

Password: _____

Comment: _____

Website url: _____

Password: _____

Comment: _____

Website url: _____

Password: _____

Comment: _____

Website url: _____

Password: _____

Comment: _____

Website url: _____

Password: _____

Comment: _____

Website url: _____

Password: _____

Comment: _____

Website url: _____

Password: _____

Comment: _____

Website url: _____

Password: _____

Comment: _____

Website url:

Password:

Comment:

Website url:

Password:

Comment:

Website url:

Password:

Comment:

Website url:

Password:

Comment:

Website url:

Password:

Comment:

Website url:

Password:

Comment:

Website url:

Password:

Comment:

Website url: _____

Password: _____

Comment: _____

Website url: _____

Password: _____

Comment: _____

Website url: _____

Password: _____

Comment: _____

Website url: _____

Password: _____

Comment: _____

Website url: _____

Password: _____

Comment: _____

Website url: _____

Password: _____

Comment: _____

Website url: _____

Password: _____

Comment: _____

Website url: _____

Password: _____

Comment: _____

Website url: _____

Password: _____

Comment: _____

Website url: _____

Password: _____

Comment: _____

Website url: _____

Password: _____

Comment: _____

Website url: _____

Password: _____

Comment: _____

Website url: _____

Password: _____

Comment: _____

Website url: _____

Password: _____

Comment: _____

Website url: _____

Password: _____

Comment: _____

Website url: _____

Password: _____

Comment: _____

Website url: _____

Password: _____

Comment: _____

Website url: _____

Password: _____

Comment: _____

Website url: _____

Password: _____

Comment: _____

Website url: _____

Password: _____

Comment: _____

Website url: _____

Password: _____

Comment: _____

Website url: _____

Password: _____

Comment: _____

Website url: _____

Password: _____

Comment: _____

Website url: _____

Password: _____

Comment: _____

Website url: _____

Password: _____

Comment: _____

Website url: _____

Password: _____

Comment: _____

Website url: _____

Password: _____

Comment: _____

Website url: _____

Password: _____

Comment: _____

Website url: _____

Password: _____

Comment: _____

Website url: _____

Password: _____

Comment: _____

Website url: _____

Password: _____

Comment: _____

Website url: _____

Password: _____

Comment: _____

Website url: _____

Password: _____

Comment: _____

Website url: _____

Password: _____

Comment: _____

Website url: _____

Password: _____

Comment: _____

Website url: _____

Password: _____

Comment: _____

Website url: _____

Password: _____

Comment: _____

Website url: _____

Password: _____

Comment: _____

Website url: _____

Password: _____

Comment: _____

Website url: _____

Password: _____

Comment: _____

Website url: _____

Password: _____

Comment: _____

Website url: _____

Password: _____

Comment: _____

Website url: _____

Password: _____

Comment: _____

Website url: _____

Password: _____

Comment: _____

Website url: _____

Password: _____

Comment: _____

Website url: _____

Password: _____

Comment: _____

Website url: _____

Password: _____

Comment: _____

Website url: _____

Password: _____

Comment: _____

Website url: _____

Password: _____

Comment: _____

Website url: _____

Password: _____

Comment: _____

Website url: _____

Password: _____

Comment: _____

Website url: _____

Password: _____

Comment: _____

Website url: _____

Password: _____

Comment: _____

Website url: _____

Password: _____

Comment: _____

Website url: _____

Password: _____

Comment: _____

Website url: _____

Password: _____

Comment: _____

Website url: _____

Password: _____

Comment: _____

Website url: _____

Password: _____

Comment: _____

Website url: _____

Password: _____

Comment: _____

Website url: _____

Password: _____

Comment: _____

Website url: _____

Password: _____

Comment: _____

Website url: _____

Password: _____

Comment: _____

Website url: _____

Password: _____

Comment: _____

Website url:

Password:

Comment:

Website url:

Password:

Comment:

Website url:

Password:

Comment:

Website url:

Password:

Comment:

Website url:

Password:

Comment:

Website url:

Password:

Comment:

Website url:

Password:

Comment:

Website url: _____

Password: _____

Comment: _____

Website url: _____

Password: _____

Comment: _____

Website url: _____

Password: _____

Comment: _____

Website url: _____

Password: _____

Comment: _____

Website url: _____

Password: _____

Comment: _____

Website url: _____

Password: _____

Comment: _____

Website url: _____

Password: _____

Comment: _____